L49
b
914

Lb. 914.

DISCOURS
PRONONCÉ
AU CLUB NATIONAL
DE BORDEAUX,

Dans la séance du second jour complémentaire, l'an second de la République française, une et indivisible.

PAR MITTIÉ FILS,

AGENT DES REPRÉSENTANS DU PEUPLE, dans le Département du Bec - d'Ambès, pour l'Organisation de l'Instruction publique et des Écoles primaires.

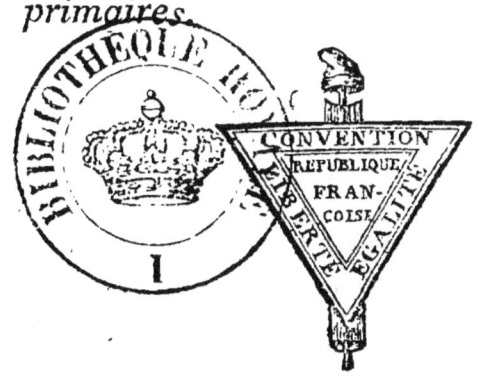

A BORDEAUX,
Chez MOREAU, Imprimeur rue Guillaume - Tell
maison des ci-devant Minimettes.

AVERTISSEMENT
DE L'AUTEUR

Rien n'est plus difficile, selon moi, que d'écrire un discours que l'on a prononcé d'abondance. J'avois parlé sans préparation; mes concitoyens m'ont ordonné de coucher mes idées par écrit ; j'ai obéi. Je ne puis répondre de la fidélité de ma mémoire, mais je répondrois bien de la fidélité de mon cœur pour les principes.

MITTIÉ fils.

DISCOURS

Prononcé au Club national de Bordeaux, dans la Séance du second jour complémentaire de l'an second de la République française, une et indivisible.

Si jamais il pouvoit être permis de parler de soi, c'est lorsqu'on a un sentiment de reconnoissance à exprimer; l'accueil flateur que m'ont prodigué les Bordelais, a excité la mienne.... c'est le fruit de l'indulgence; ma vie sera consacrée à obtenir leur estime de leur justice.

Un Peuple, qui se régénere, doit savoir profiter de ses fautes, ou de ses malheurs, pour s'instruire, ou réparer ses pertes.

A-t-on bien développé le caractère de Robespierre, et le plan de la conspiration du triumvirat?.... Je crois qu'il y a quelques traits à ajouter et quelques développemens à donner.

Robespierre n'étoit pas un scélérat assez illustre, pour mériter les noms de *Catilina* et de *Cromwel* ; il n'en avoit ni la force, ni l'audace..... Ce timide ennemi, dont le pouvoir, comme celui de *Louis XI*, (d'exécrable mémoire) étoit fondé sur son intimité avec des bourreaux, avoit cherché dans l'opinion publique le premier acheminement à la grandeur ; il marchoit par le peuple, pour gouverner le peuple ; il avoit toujours à la bouche le mot *Peuple et patriotisme*, pour opprimer l'un et détruire l'autre.. la magie des mots lui tenoit lieu du pouvoir du génie.

Profond dans l'art de *Machiavel*, il s'attachoit à décrier le Machiavélisme, pour empêcher de croire qu'il en suivît la marche ; mais il étoit tout *Machiavel*.

Otez de ses discours le Machiavélisme, et Robespierre n'est plus applaudi.... Robespierre écouté froidement, tombe dans le néant..... Tant est grand le crédit que donne la faveur populaire! Quand ne serons nous plus idolatres?... oublions donc enfin les hommes pour ne nous attacher qu'aux principes; les principes n'égarent jamais, ils planent au-dessus de toutes les factions et les écrasent de leur force irrésistible.

Comme les tyrans il s'entouroit de Sbirres et d'hommes perdus.... il transformoit d'anciens criminels en hommes nouveaux.

Né orgueilleux, vindicatif, farouche, atrabilaire, jaloux de sa réputation et ennemi juré de toute espèce de gloire, qu'il ne pouvoit acquérir, il sentoit que sa puissance devoit se fonder sur celle du Peuple; il prit le dehors de *Caton* le censeur, c'étoit aussi le Socrate de la Révolution, il ne parloit que de boire la ciguë,.... je doute qu'il en eût eu la force. L'homme qui ne craint pas la mort ne parle pas tant de son mépris pour elle; le Défenseur de la Patrie qui expose sa vie tous les jours, n'y met pas cette jactance.

Le plan conçu dans la tête de Robespierre, peut s'embrasser d'un seul coup-d'œil...... rigorisme affecté, discours désespérans, conjurations imaginaires, moyens violens, anéantissement de la liberté de la presse, proscription de tous les hommes purs et instruits, guerre sourde à la Convention, guerre ouverte aux patriotes à grand caractère, mort à tous les Représentans fidèles, despotisme intolérable motivé sur la force des circonstances, bouleversement général de la République, occasioné par cette tourbe innombrable d'agens perfides, répandus dans les départemens, guerre, famine, embrâsement, assassinats, royauté, *peut-être*; voilà quels étoient ses moyens, son but et ses prétentions.

Le glaive exterminateur dirigé indistinctement sur toutes les classes d'artisans, pour opérer un mécontentement plus général, eût inondé la France de sang, et les fleuves épouvantés, en roulant dans leurs eaux des cadavres sanglans, eussent appris aux peuples éloignés que la liberté avoit été assassinée chez les Français. L'opinion publique saura dire aux historiens s'ils doivent arracher du livre de l'histoire, les feuillets de ces temps malheureux.

Français, relevez vos fronts abattus par la crainte, elle mène à la servitude; celui qui craint, s'avilit; la terreur fait les esclaves, la justice fait les Républicains.

Que le langage sévère des lois imprime seul une crainte salutaire dans vos ames; les lois seules doivent regner, puisque le peuple règne par elles. Que la raison soit écoutée, que l'humanité rentre dans ses droits, que la nature en deuil reprenne sa parure.... Livrez-vous, *sans remords*, à la justice, et ne redoutez pas de tomber dans l'indulgence. Vous avez de surs préservatifs contre elle dans le gouvernement révolutionnaire, qu'il faut maintenir dans toute sa force jusques à la paix; car un gouvernement révolutionnaire n'est point un gouvernement assassin.

Le gouvernement révolutionnaire n'est autre chose qu'un mouvement rapide qui atteint et punit les conspirateurs. Ce mouvement imprimé à une vaste République, meut et dirige d'un point unique 14 armées formidables, fait exécuter les plans de campagne aussitôt qu'il les conçoit, rend le succès aussi rapide que la pensée, la victoire aussi fidèle aux armées, que le génie de la Liberté l'est à la France.

Sans doute, de grands maux ont été commis, des innocens ont été victimes... en faut-il accuser la Convention ? Non certes, un grand peuple ne peut être son propre dénonciateur......*La faute de tous n'est celle d'aucun*.....Tous les Représentans du peuple marchoient entourés d'assassins ; l'épée de Damoclès étoit incessamment suspendue sur leurs têtes.... chaque jour, chaque heure, que dis-je ? chaque minute pouvoit trancher leurs jours. (Il ne faut pas une minute aux tyrans pour faire un crime).... Parler plutôt eût été compromettre la République... Robespierre attaqué, mais non démasqué eût entraîné les esprits, égaré et conduit la France à deux doigts de sa perte....Il falloit que le monstre creusât lui-même son précipice.... La tribune aux harangues d'où il désignoit ses victimes, lui a servi de roche tarpeïenne.... Régime affreux et barbare! il falloit vous supporter pour vous renverser.

La grande raison d'état a laissé sacrifier quelques innocens pour arracher à l'esclavage 25,000,000 d'hommes; pour sauver le vaisseau de l'état, il faut que des Décius se jettent à la mer.... Graces vous soient rendues, ô Convention nationale! votre fermeté, votre héroïsme dans la nuit du dix Thermidor, a encore une fois sauvé la Liberté.

Un dernier espoir reste aux familles infortunées qui ont des victimes à pleurer; l'honneur, plus cher que la vie, peut encore leur être rendu, c'est une dette sacrée à remplir.... Quelques êtres apatiques en seront allarmés. Eh! bien, moi, je me déclare le défenseur officieux de tous les patriotes opprimés, je plaiderai leur cause au tribunal de la justice et de la Vérité; si j'ai contre moi tous les ennemis du peuple, j'aurai du moins pour moi les veuves et les orphelins........
Oui, les cachots de l'innocent s'ouvriront à ma voix, et dussai-je un jour, pour

prix de mon dévouement, porter les fers qui meurtrissent encore ses bras appesantis, je les supporterais, alors, sans regret... *car qu'importe de vivre quand les principes ont péri !*

Ces sentimens peuvent être calomniés ; les intrigans, tous les successeurs de Robespierre, de Dumas, et de ce Lacombe qui valoit bien pour Bordeaux le Président du Tribunal révolutionnaire de Paris, tous ces hommes que j'ai irrités (en attaquant, un des premiers, ce juge inique à cette tribune) vont crier au modérantisme, à l'aristocratie. Méprisons leurs clameurs importunes.... L'homme de bien auroit moins de mérite à le faire s'il ne savoit que, par là, il anime contre lui la horde des sots et des frippons. Je sais qu'il est des hommes, à qui la nature a refusé une ame pour sentir, une force d'énergie pour s'élever à la hauteur du pacte social ; je sais qu'il est encore des conspirateurs, (les calomniateurs de Bordeaux en fournissent la preuve) ; mais je sais aussi, que le peuple veut la Liberté, au prix de la perte de tous ses ennemis ; mais je sais que ceux qui reviennent dans ces murs, armés du pouvoir illimité de la raison, ont le peuple pour eux, (car le peuple est toujours juste quand il ne suit que le mouvement de son cœur;) mais je sais que l'instrument de la mort n'est pas rompu, la machine à punition est encore debout, et si nous pouvions manquer de moyens d'extirper l'aristocratie, nous irions, s'il le falloit, dérober la foudre du Ciel pour écraser d'un seul coup tous les traîtres et tous les oppresseurs de la Liberté publique.

O Bordelais ! de quel sentiment douloureux, mon ame n'a-t-elle pas été comprimée, lorsqu'en passant, il y a deux mois dans votre malheureuse cité, j'ai été témoin du spectacle déchirant d'une nombreuse population en proie à un tigre altéré de sang! C'est dans toute sa force, qu'on exécutoit ici cette loi infernale du 22 Prairial, ouvrage de trois factieux; si dans le fonds des bois, ou dans le creux des rochers, des tigres eussent fondé une société et créé des lois, non, ils n'eussent point lancé de décret aussi barbare et aussi sanguinaire que cette loi, qui rendoit la vie de 25,000,000 d'hommes, dépendante des passions d'un seul. La Convention l'a rapportée, parce qu'elle ne trempera jamais, comme *Dracon*, la plume des lois dans le sang humain.

A cette époque, Bordeaux n'étoit plus dans Bordeaux..... Le silence régnoit dans la Ville, la pâleur et la consternation étoient peintes sur tous les visages..... On n'osoit ni sortir, ni se voir, ni se parler ; on voyoit dans chaque ami, un espion, dans chaque parent un dénonciateur. Les plus doux sentimens étoient des crimes, l'amitié et l'amour sembloient s'être envolées ; à peine regardoient-elles comme un refuge assuré le temple de la paix.

Voilà le fruit des discours de Robespierre, qu'on pourroit appeller *les nuits d'Yong* de la Révolution. Voilà le fruit de l'erreur, de l'opinion publique faussement dirigée, qui faisoit établir une ligne de démarcation entre un honnête homme et un patriote.... et qu'est-ce qu'un patriote si ce n'est un honnête homme ? S'il faut renoncer aux vertus sociales, pour être révolutionnaire, j'avoue, à la gloire du Peuple français, que beaucoup de Citoyens ne l'ont jamais été.

Aujourd'hui un avenir plus riant s'ouvre à nous, il se fortifie et s'embellit de notre état présent..... Le patriotisme reprend ses droits ; le travail, l'activité, le commerce, les arts semblent vouloir sortir de leur longue léthargie... ils ont dans le Représentant un puissant soutien..... La fraternité succède aux regards farouches, les liaisons commerciales à l'anéantissement de toute correspondance, le père ose enfin recevoir des nouvelles de son fils qui est aux frontières...Il ne tremble plus de voir empoisonner les expressions les plus innocentes.... Les épanchemens de l'amitié n'offriront plus dans la tête des Robespierristes des plans de conspiration, *et le bon soir d'une épouse tendre ne sera plus le signal du carnage* ; c'est ainsi que Bordeaux va réprendre l'attitude imposante qu'il n'auroit jamais dû perdre...Sa position favorable, secondée du génie industrieux de ses habitans, la rendra une des plus importantes communes de la République; l'arbre de la liberté ne sera plus teint du sang des patriotes; nous le ferons reverdir en l'arrosant des pleurs du sentiment et des larmes de joie des mères et des épouses qui embrasseront leurs fils et leurs époux vainqueurs de tous les despotes coalisés.

Après avoir vaincu les rois par la force des armes, nous vaincrons les peuples par la force des vertus et par l'exemple séduisant de notre bonheur social.

La Société Populaire, après avoir entendu les principes qu'a développés le citoyen MITTIÉ fils, a arrêté qu'il seroit invité à rédiger par écrit le discours qu'il avoit prononcé d'abondance, et que ce discours seroit imprimé au nombre de trois mille exemplaires, distribué à tous les Membres de la Société, envoyé aux Jacobins de Paris, et à toutes les Sociétés affiliées.

Bordeaux, le deuxième jour sansculotilde, de l'an deux de la République française, une et indivisible.

REYNAUD, *Président.*

MARTIGNAC, *Vice-Président.*

SIMON,
HUMBERT,
GRIGNON,
BROCQ, } *Secrétaires.*

VIALA et PIAGET *Archivistes.*

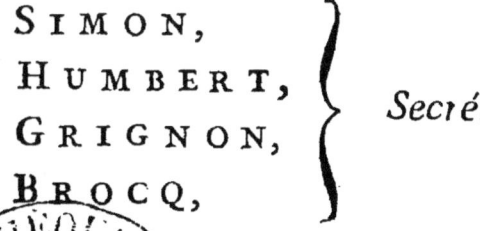

www.ingramcontent.com/pod-product-compliance
Lightning Source LLC
Chambersburg PA
CBHW070534050426
42451CB00013B/3005